A arca de Noé

A leitura é um gesto de afeto, que aproxima adultos e crianças. Para que esse momento seja ainda mais divertido, damos algumas dicas:

- Leia a história várias vezes e descubra tudo sobre ela; pense nos personagens e nas imagens que ela traz à sua mente.
- O gestual é muito importante para a história, é a extensão da palavra falada. O corpo deve falar ao mesmo tempo que a voz.
- O tom, o timbre, a amplitude e o ritmo da voz abrem espaço na imaginação do ouvinte. Variar o tom, quebrar o ritmo, dar voz ao silêncio, tudo isso ajuda a dar vida para a narrativa.
- Acredite sempre no que você estiver contando. Se o contador não acredita no que diz, dificilmente seu público vai acreditar.

BOA LEITURA!

EM UMA ÉPOCA DISTANTE,
DE MUITA MALDADE NO MUNDO, DEUS DECIDIU
MANDAR UM **DILÚVIO** SOBRE A TERRA.
PARA QUE ELA FOSSE REPOVOADA APÓS
A ABUNDANTE CHUVA, DEUS PRECISARIA DE UM
HOMEM BOM E OBEDIENTE.
ESSE HOMEM ERA **NOÉ**. ASSIM, DEUS DISSE
A NOÉ PARA CONSTRUIR UMA **ARCA**, ONDE NOÉ
ABRIGARIA A FAMÍLIA E TAMBÉM UM CASAL
DE CADA ESPÉCIE DE **ANIMAL**.

O BOM HOMEM CONSTRUIU A ARCA COMO DEUS HAVIA PEDIDO. QUANDO O BARCO FICOU PRONTO, NOÉ LEVOU PARA DENTRO UM **CASAL** DE CADA **ANIMAL.** EM SEGUIDA, ELE E A FAMÍLIA TAMBÉM ENTRARAM NA ARCA.

CHOVEU POR 40 DIAS E 40 NOITES. TODOS OS MONTES E LUGARES ALTOS FORAM COBERTOS PELO **DILÚVIO**, E SÓ QUEM ESTAVA DENTRO DA EMBARCAÇÃO PERMANECEU SEGURO. NOÉ, A FAMÍLIA E OS ANIMAIS FICARAM À DERIVA SOBRE AS ÁGUAS.

ENTÃO, DEUS SOPROU UM VENTO
SOBRE A TERRA, E A **CHUVA** PAROU,
RESTANDO SOMENTE A ÁGUA CALMA.
A ARCA POUSOU SOBRE OS MONTES DE
ARARATE. PASSADOS ALGUNS DIAS,
NOÉ SOLTOU UMA **POMBA**, E ELA
RETORNOU À ARCA COM UM
RAMO DE OLIVEIRA NO BICO.

ASSIM, NOÉ DESCOBRIU QUE AS ÁGUAS HAVIAM BAIXADO E SAIU DA ARCA COM A FAMÍLIA. COMO SINAL DA **ALIANÇA** QUE FEZ COM OS HOMENS, DEUS COLOCOU UM **ARCO-ÍRIS** NO CÉU E PROMETEU QUE NUNCA MAIS INUNDARIA A TERRA.